Chiyo-ni:

Ausgewählte Haiku

*Aus dem Japanischen übertragen
und mit einer biographischen Einführung versehen
von Thomas Hemstege*

2025

*edition das haiku*

*Bibliografische Information der Deutschen Nationalbibliothek: Die Deutsche Nationalbibliothek verzeichnet diese Publikation in der Deutschen Nationalbibliografie; detaillierte bibliografische Daten sind im Internet über dnb.dnd.de abrufbar.*

erste Auflage
edition das haiku bei BoD
© für diese Ausgabe edition das haiku
Hamburg 2025. Alle Rechte vorbehalten. www.edition-das-haiku.de
Verlag: BoD · Books on Demand GmbH, In de Tarpen 42,
22848 Norderstedt, bod@bod.de
Druck: Libri Plureos GmbH, Friedensallee 273, 22763 Hamburg

ISBN 978-3-7693-2349-8

# Inhaltsverzeichnis

# Vorwort

Chiyo-ni, wie sie im Westen genannt wird, die Nonne Chiyo, ist in Japan meist unter dem Namen *Chiyo-jo* bekannt. Sie darf als die erste Haikudichterin von Rang betrachtet werden, deren Ruhm bis heute die Zeiten überdauert hat. Ihr Beitrag zur Haikudichtung liegt nicht darin, dass sie es als dichtende Frau zu hohem Ansehen gebracht hat; ein solches Kriterium würde ihre literarische Leistung relativieren und schmälern. Ihre Leistung liegt darin, dass sie einen ganz eigenen Ton in die Haikudichtung hineinbrachte und viele Haiku schrieb, die in ihrer Grundidee zeitlos sind und auch heute noch ihre Gültigkeit haben. Ihren persönlichen Stil kann man beispielhaft an ihrem vielleicht berühmtesten Haiku, *asagao ni* (Die Trichterwinde), ablesen. Zeitgenössische Kritik an diesem Haiku zielte dahin, dass sie, wie wir im Westen sagen würden, das Lyrische Ich zu sehr in den Vordergrund stellte. Vielleicht ist aber gerade ihr nach japanischen Maßstäben ungewöhnlicher Ton einer der Gründe, warum sie zu den ersten Haikudichterinnen und -dichtern gehörte, die im deutschen Sprachraum wahrgenommen wurden. Bereits Karl Florenz, der im Deutschen Kaiserreich eine sehr erfolgreiche Anthologie japanischer Dichtung in deutscher Nachdichtung veröffentlichte, hatte in einer weiteren Sammlung auch Haiku von Chiyo-ni vorgestellt.

Danach scheint sie im deutschen Sprachraum ein wenig aus dem Fokus geraten zu sein. Namen wie Bashō, Buson, Issa und Shiki sind bis heute allgegenwärtig. Von Chiyo-ni wurden dagegen nur hier und da ein paar vereinzelte Haiku in Anthologien abgedruckt (siehe dazu den Abschnitt *Deutschsprachige Anthologien*). Allerdings ist von Chiyo-ni ein umfangreiches Werk überliefert, das es verdient, mindestens genauso wie die Werke ihrer Zeitgenossen gewürdigt zu werden. Während auf Englisch und Französisch bereits Übersetzungen von zahlreichen ihrer Haiku vorliegen, war das bisher im deutschen Sprachraum noch nicht der Fall. Umso mehr freue ich mich, die vorliegende Sammlung vorstellen zu können.

In diesem Buch wird nun erstmals, als Einstieg in Chiyo-nis Werk, eine größere Auswahl ihrer Haiku auf Deutsch vorgelegt. Die Übertragungen stammen von dem Japanologen und Künstler Thomas Hemstege. Um darin den Charakter eines Sprachkunstwerkes, der sich nicht zuletzt auch in der Spannung zwischen Form und Sprache zeigt, zu erhalten, wurde eine Form der Übertragung gewählt, bei der die Morenzahl der japanischen Vorbilder durch Silben repräsentiert wird. Vom metrischen Standpunkt aus ist dies die naheliegende formale Adaption, denn sowohl japanische Moren als auch deutsche Silben kann man mitklatschen. Thomas Hemstege hat es, wie bereits bei den Übersetzungen zahlreicher Haiku von Masaoka Shiki und Kawahigashi Hekigotō, geschafft, die Balance zwischen Form und Ausdruck zu wahren und den Geist, der in Chiyo-nis Haiku spürbar ist, auch auf Deutsch nachvollziehbar zu machen. Damit die Texte angemessen zur Geltung kommen, wird jedes Haiku auf einer eigenen Seite abgedruckt. Eine Einführung in Leben und Werk von Chiyo-ni, speziell für diese Ausgabe verfasst vom Übersetzer und um eine Stiftzeichnung des Künstlers Jan Hosemann ergänzt, rundet das Buch ab.

*Hamburg, im Winter 2024/25*

*Moritz W. Lange*

*Chiyo-ni: Ausgewählte Haiku*

# Neujahr

In Schwarz gekleidet
aufwartend am Neujahrstag
die Weidenbäume.

Das Junge Wasser.
Das alte und neue Jahr
fließen zusammen.

Japanisch *wakamizu*:
Der erste Eimer Brunnenwasser am Neujahrsmorgen.

Adonisröschen.
Wenig rührt mich die Blume,
vielmehr ihr Name.

Japanisch *fukujusō*:
Adonisröschen bzw. ‚Glück-und-langes-Leben-Blume'.

Glück bringendes Stroh.
Selbst Kehricht auf dem Boden
sieht heute schön aus.

Japanisch *fukuwara*:
Zu Neujahr wird in und vor dem Haus für Götter und Gäste frisches Stroh
ausgelegt.

Beim Spiel am Boden
werden Vögel erst Vögel
im ersten Nebel.

Der Neujahrshimmel.
Meine Hand hält das Lächeln
des Berges Fuji.

Aus dem ersten Traum
aufgewacht ist die Blume
Blume geblieben.

Die Neujahrskräuter.
Drei, vier, zwei je nach Sorte
an einer Stelle.

Japanisch *nanakusa*:
Neujahrskräuter. Am 7. Januar werden gemeinsam sieben Arten Wildkräuter gesammelt, aus denen dann eine Kräutergrütze zubereitet wird.

Die Neujahrskräuter.
An der Hintertür las ich
ein Buch zu Ende.

Japanisch *nanakusa*:

Neujahrskräuter. Am 7. Januar werden gemeinsam sieben Arten Wildkräuter gesammelt, aus denen dann eine Kräutergrütze zubereitet wird.

Die Neujahrskräuter.
Zu wenig sind noch übrig,
das kann vorkommen.

Japanisch *nanakusa*:

Neujahrskräuter. Am 7. Januar werden gemeinsam sieben Arten Wild-kräuter gesammelt, aus denen dann eine Kräutergrütze zubereitet wird.

Der Menschen wegen
sind die Reiher verschwunden.
Wiesen im Frühjahr.

Japanisch *wakana no no*:
Mit Wildkräutern bewachsene Wiesen.

Den Lärm der Menschen
verfolgen die Kraniche.
Die Frühlingskräuter.

Deutlich der Abdruck
einer Hand mitten im Schnee.
Die Frühlingskräuter.

Im Auge behält
für uns ein Adler den Weg
beim Kräutersammeln.

Japanisch *wakanatsumi*:

Kräutersammeln. Am 7. Januar werden gemeinsam sieben Arten Wild-
kräuter gesammelt, aus denen dann eine Kräutergrütze zubereitet wird.

Auf dem Weg heimwärts
erholen sich die Augen
vom Kräutersammeln.

Japanisch *wakanatsumi*:

Kräutersammeln. Am 7. Januar werden gemeinsam sieben Arten
Wildkräuter gesammelt, aus denen dann eine Kräutergrütze zube-
reitet wird.

Kiefern und Bambus.
Die ersten Sonnenstrahlen
lobpreist die Erde.

In seinen Lücken
taucht langsam Berg um Berg auf.
Der erste Nebel.

Kiefern und Bambus
kommen wieder zum Vorschein
im ersten Nebel.

Nach dem Erwachen
grüßt auch der Bambus raschelnd
diesen Neujahrstag.

# Frühling

Die ersten Blüten.
Doch noch klingen nach Winter
Kiefern und Bambus.

Japanisch *hatsuhana*:
Erste Blüte, gemeint ist die Kirschblüte.

Erwacht erhebt sich
ein Fohlen aus frischem Grün.
Auch das ist Schönheit.

Im Frühlingsregen
gewinnen alle Dinge
nach und nach Schönheit.

Ebbe im Frühling.
Einiges lese ich auf,
alles bewegt sich.

Die Pflaumenblüten
duften für denjenigen,
der sie vom Baum bricht.

Die Schmetterlinge,
die ja schon Flügel haben –
wovon träumen sie?

Unter der Wolke
voll Regen bläht sich auf
der Bauch des Frosches.

Das Kind aus dem Dorf
noch mit einer weißen Haut.
Die Pfirsichblüten.

Die Tür steht offen,
doch keiner ist zu Hause.
Die Pfirsichblüten.

Flirrende Hitze.
Zwischen den kurzen Dingen,
den langen Dingen.

Japanisch *itoyū*:
Vor Hitze flimmernde Luft im Frühling.

Fortgeweht hängen
grüne Weidenblätter in
der Pferdemähne.

Junge Grashalme.
Durch die zahllosen Ritzen
des Wassers Farbe.

Beim Ruf des Fasans
verwandelt sich die Erde:
Überall Kräuter.

Im Gespräch halten
sie inne, mustern nochmals
den diesigen Mond.

Am Mittag genießt
die Weide für sich allein
ihre Träumerei.

Je nach Wind schwanken
mal verheddert, mal gelöst
die Weidenzweige.

Eine Abkürzung,
um Wolken zu erreichen,
kennt der Weidenbaum.

An Regentagen
schlummert der Schmetterling bis
zum Traum von morgen.

In der Luft halten
das Geläut zum Abend an
der Kirsche Blüten.

Als einer fortspringt,
springen sogleich alle fort.
So sind die Frösche.

Zwischen Kirschblüten
schläft der Falter im Mondschein
bis spät in den Tag.

Nach der Paarung macht
auch der Falter ein Schläfchen –
auf der Kirschblüte.

Japanisch *itosakura*:
Fadenkirsche.

Der Blütenwächter.
Der Ansturm der Besucher
herrscht nur bei Tage.

Das Geschrei verstummt.
Die rolligen Katzen sind
wohl wieder getrennt.

Was denkt sich der Baum,
der viele Blätter austrieb?
Buddhas Geburtstag.

Japanisch *busshōe*:
Feier zu Buddhas Geburtstag, 8. Tag des 4. Monats.

Schritte verraten,
dass es auch noch Menschen gibt
in nebliger Nacht.

Eine trübe Nacht.
Wenigstens schaue ich nach,
ob die Pflaume blüht.

Als es davonstürmt,
riecht das Pferd seine Beine.
Die Veilchen blühen.

Tief in den Bergen
haben die Zeit vergessen
die wilden Veilchen.

Die Weide ergrünt.
Was führt sie nur im Schilde,
immerzu im Schlaf.

Bis zu seinem Sprung
hatte ich den Frosch im Blick
gestern und heute.

Sein Quaken verstummt,
jetzt beobachtet der Frosch
ziehende Wolken.

Die jungen Gräser
haben noch keine Neigung
in eine Richtung.

Hoch aufgestiegen
schaut die Lerche beim Singen
nach unten hinab.

Da bekommt man Angst:
Fern in schwindelnder Höhe
singt eine Lerche.

Sie gewinnt Höhe
und lässt die Menschen zurück.
Eine Lerche singt.

Das Wasser im Bach
erwärmt sich. Auf den Felsen
winzige Krebse.

Der erste Gesang
der Nachtigall. Wie gefällt
er wohl dem Bambus?

Die Nachtigall schlägt.
Zum Wesen des Bambus zählt,
Kälte zu trotzen.

Beim Schrei des Fasans
geben es die Berge auf,
lang auszuschlafen.

Auf dem Weg der Frau
ein Schmetterling. Mal vor ihr
und mal hinter ihr.

Im Wind des Frühlings
schweben sehr verführerisch
Düfte aller Art.

Gemeint sind hier die Düfte der Blüten, aber auch von Speisen, die auf
Volksfesten wie der Blütenschau angeboten werden.

Im Lauf des Tages
werden an jungen Trieben
die Tropfen dicker.

Ab und zu rüttelt
der Löwenzahn den Falter
aus seinen Träumen.

Der Frühling endet.
Alle Pflanzen schlafen nun
erst mal richtig aus.

Sommer

Die jungen Blätter
stellen sich bei der Rückkehr
ordnungsgemäß vor.

Dem Duft der Blüten
zeigt sie bloß ihren Rücken
beim Kleiderwechsel.

Einsamkeit ergreift
die Menschen beim Zuhören.
Rufe des Kuckucks.

Ins Wasser tauchen
die Geräusche heute Nacht
beim Ruf des Kuckucks.

Schon sind vergessen
die rot geschminkten Lippen.
Kühles Quellwasser.

Der Wasserfall rauscht
immer schwächer. Am Gipfel
schrillen Zikaden.

Nach der kurzen Nacht
voller Schwung im Morgenlicht
die Hahnenschreie.

Die Angelrute
berührt mit ihrer Leine
den Mond des Sommers.

Ins Wasser zurück
kehrt sein eigenes Rauschen
beim Ruf der Ralle.

Aus dem Traum erwacht
gibt eine Ralle Antwort
oder auch keine.

Als ich eintrete,
gibt es im Wald lediglich
die Hitze im Wald.

Mein eigenes Selbst
ließ ich irgendwo liegen
bei dieser Hitze.

Für einen Moment
zeigt sich die Kraft des Windes
im jungen Bambus.

Bei jedem Windstoß
treiben seine Blätter aus.
Der junge Bambus.

Fällt der Tautropfen,
wird er einfach zu Wasser.
Die Färberdisteln.

Im tiefen Schatten
der Berge sind Sonnenschein
die Färberdisteln.

Der Mohn in Blüte.
Im Lauf der Zeit habe ich
mein Selbst vergessen.

Von ganzem Herzen
verneigt sich die Lilie
ohne Unterlass.

Beschwert mit der Last
eines Falters schwimmen noch
die Wasserpflanzen.

Bei diesem Abschied
die Wasserlinsen, der Mohn
in voller Blüte.

Durch die Lebensart
der Zaunwinde hat die Nacht
Gewicht verloren.

Japanisch *hirugao*:
Mittags blühende Zaunwinde bzw. ‚Gesicht am Mittag‘.

Die Gesichtszüge
der Zaunwinde straffen sich
beim Mittagsgeläut.

Japanisch *hirugao*:
Mittags blühende Zaunwinde bzw. ‚Gesicht am Mittag‘.

Viel Platz ist noch frei
unter dem Moskitonetz.
Morgens und abends.

Im Wind des Abends
sucht auch die Spinne Deckung
bei Päonien.

Kaum in der Klause
zurück, trage ich Licht zu
den Päonien.

Mit ihren Nachbarn
wetteifern Päonien
durch die Zaunlücke.

Die Wasserflecken
am Strohhut waren Tropfen
auf jungen Blättern.

Auch nicht oft genug
wird gründlich durchgelüftet
das Herz einer Frau.

Japanisch *yodōboshi*:

Auslüften von Kimonos, Bettzeug und Büchern zur Vermeidung von
Schimmelbildung und Insektenbefall.

Kommen und Gehen
vage auf dem Bergpfad im
Licht der Glühwürmchen.

Lediglich im Fluss
treibt die Dunkelheit dahin.
Glühwürmchen im Flug.

Auf dem Rohrkolben
wird ein Licht gezündet von
einem Glühwürmchen.

Ihre Schatten sind
Vergangenem sehr ähnlich.
Die Schwertlilien.

Die Hortensien
sind übersät mit Tröpfchen.
Die Morgensonne.

Wieder auf dem Weg
zum Reispflanzen sind Frauen
mit wirren Haaren.

Nur einen Tag lang
werden Männer gebraucht beim
Setzen des Reises.

Der Bambussprössling
steht in der prallen Sonne
völlig alleine.

Der grüne Kirschbaum.
Bei Vögeln im Morgenschlaf
hält der Blick inne.

Vom Sommer erfrischt
vergaß der grüne Kirschbaum
die alten Zeiten.

Alles verschwindet
im Zwielicht. Doch Prunkwinden
blühen strahlend weiß.

Japanisch *yūgao*:
Abends blühende Prunkwinde bzw. ‚Gesicht am Abend'.

Wenn eine abfällt
kommt prompt die nächste Blüte
Hundert-Tage-Rot.

Japanisch *sarusuberi*:

Lang blühende Lagerströmie bzw. ‚Hundert-Tage-Rot'. Diese Baumart wurde in der Edo-Zeit aus China eingeführt und vor allem im inneren Tempelbezirk gepflanzt.

Herbst

Unlängst kam der Herbst.
In den Farben des Gartens
taucht er noch nicht auf.

Als Dankesgabe
für den ersten Mond im Herbst
fällt ein Blatt herab.

Japanisch *fumizuki*:
Vollmond im siebten Monat, im Sonnenjahr Mitte August.

Lange währt die Nacht.
Abwechselnd die Insekten
in vielen Stimmen.

Den Tagesanbruch
hat die Dunkelheit verpasst.
Der Frühherbst beginnt.

Auf einen Stein hüpft
eine Grille im Mondlicht,
dort oben zirpt sie.

Bei der Näharbeit
lässt sie die Nadel fallen.
Eine Wachtel singt.

Japanisch *uzura*:

In der Edo-Zeit wurden im Haus Wachteln in Käfigen gehalten, ihrer
Eier, ihres Fleisches, aber auch ihres Gesangs wegen.

Die Herbstzeit vergisst
eine Wachtel nie, selbst nicht
nach ihrem Verkauf.

Japanisch *uzura*:

In der Edo-Zeit wurden im Haus Wachteln in Käfigen gehalten, ihrer Eier, ihres Fleisches, aber auch ihres Gesangs wegen.

Übrig geblieben
die Birne und ihr Witwer
im Schein des Herbstmonds.

Japanisch *nochi no tsuki*:
Der Mond in der 13. Nacht des neunten Monats.

Ihren Schatten jagt
im fließenden Gewässer
eine Libelle.

Den Jägersleuten
stehen im Weg die Stängel
des Goldbaldrians.

Das Armenviertel
liegt schnarchend im hellen Schein
des Vollmonds im Herbst.

Beim Pilzesammeln
zeigt eine kleine Geisha
ihr feines Grinsen.

Die Wahrheit ist doch:
Die Blüten der Prunkwinde
hassen die Menschen.

Japanisch *asagao*:
Prunkwinde bzw. ‚Gesicht am Morgen‘.

Am Morgen umrankt
die Winde den Schöpfeimer.
Ich borge Wasser.

Japanisch *asagao*:
Prunkwinde bzw. ‚Gesicht am Morgen‘.

Eine Elster kreischt.
Unter der Brücke bei uns
fließt lautstark Wasser.

Das Bild bezieht sich auf die Tanabata-Sage: Elstern bilden eine Brücke über die Milchstraße, damit das Liebespaar aus der Sage sich treffen kann.

Die Elstern zetern,
auf der Brücke Geräusche
die ganze Nacht lang.

Das Bild bezieht sich auf die Tanabata-Sage: Elstern bilden eine Brücke über die Milchstraße, damit das Liebespaar aus der Sage sich treffen kann.

Den vollen Herbstmond
ständig im Blick gehe ich
einen langen Weg.

Auf der Mondschau setzt
Regen ein. Plötzlich hört man
die Koto spielen.

Der Vollmond im Herbst.
Doch ein Vogel sucht lieber
die Dunkelheit auf.

Dunkelheit rieselt
in der Mondnacht. Voller Tau
die Taropflanzen.

Japanisch *izayoi*:
Die erste Nacht nach dem Herbstvollmond.

Der Herbstmond nimmt ab.
Hinter murmelnden Menschen
taucht er langsam auf.

Japanisch *izayoi*:
Die erste Nacht nach dem Herbstvollmond.

Zur Erde zurück
kehrt jede, vom Tau verfärbt,
Blüte des Buschklees.

Wenn sie sich treffen,
welcher der beiden Sterne
sagt das erste Wort.

Japanisch *hoshiai*:
Wega und Altair, beziehen sich auf die Tanabata-Sage von der We-
berin und dem Kuhhirten.

Nun dämpft der Regen
durch sein Rauschen die Schläge
auf dem Wäscheblock.

Japanisch *kinuta*:
Holzklotz, auf dem beim Waschen oder Färben Stoffe ausgeklopft werden.

Nach diesem Vollmond
wieder zu Hause gibt es
nichts mehr zu sagen.

So ist das Leben:
Kaum vorbei die Kirschblüte,
folgt schon das Herbstlaub.

Erste Wildgänse
sind zurück. Schnell werden jetzt
die Nächte länger.

Nur der Wildgänse
Rufe ziehen vorüber
bei ihrer Rückkehr.

Der Orchideen
Duft dringt bis zu Gräsern vor,
die sie nicht kennen.

Zwielicht am Abend.
Auch in Kyoto Menschen mit
herbstlichen Mienen.

Der Vollmond im Herbst.
Durch Schnee stapfend höre ich
unter mir den Stein.

Der Vollmond im Herbst.
Seine Rückseite lebt auf
im runden Reibstein.

Japanisch *suzuri*:

Schwarzer Reibstein, auf dem die Tuschfarbe zum Schreiben und Malen
angemischt wird.

In den Bergen macht
der Herbstwind seine Runde.
Eine Glocke schlägt.

Hirsche in der Brunst.
Danach fällt das Geweih ab,
weiß das Herz sehr wohl.

Fast muss der Falke
jetzt weinen: Die Wildgänse
brechen lärmend auf.

Sie erwacht allein
an ihrem dienstfreien Tag
in eiskalter Nacht.

Gemeint ist: eine Prostituierte, die nur an freien Tagen Gelegenheit hat,
ihren Geliebten zu treffen.

Nicht ein einziger
Farbton gleicht dem anderen
im bunten Herbstlaub.

Wie sich Efeu färbt,
beobachtet die Sonne
tief im Bambuswald.

Die Chrysanthemen.
Welch prachtvoller Anblick ist
ein Mittelscheitel.

Die Reiher suchen
vor den Menschen das Weite.
Früh brechen sie auf.

Welchen du auch trägst,
jeder Kimono wirkt schön
auf einer Mondschau.

Bei einer Mondschau
erhoffen sich auch Schatten
die jungen Mädchen.

Libellenangeln
ging das Kind heute spielen.
Wo bleibt es denn nur?

Japanisch *tonbotsuri*:

Libellenangeln. Ein Kinderspiel, bei dem eine Libelle als Köder an
einer Angelschnur befestigt wird, um andere Libellen anzulocken
und zu fangen.

Die Hahnenkämme
blühen. Wäsche zum Trocknen
in einer Reihe.

Der Herbst scheidet nun.
Ich massiere mich selber,
die Kiefern rauschen.

Weswegen nur stellt
der Hase die Lauscher auf.
Es dämmert der Herbst.

Winter

Ihnen ähnelt nichts.
Die letzten warmen Tage
sind unvergleichbar.

Der Glanz des Mondes
wird beim Zuschauen blasser.
Die Blätter fallen.

Irgendwo Bambus
im ersten Winterregen.
Es tagt der Morgen.

Der Wind stürmte durch
den ersten Winterregen
und wurde nicht nass.

Ständig bläst der Wind
sie alle auseinander,
die Regenpfeifer.

Der Schnee von heute
wird Wassertropfen werden,
wird Blüte werden.

Beim ersten Schneefall
ist das Schwarz einer Krähe
einfach nur störend.

Der erste Schneefall.
Eine Antwort zu schreiben,
bleibt jetzt keine Zeit.

Im Winterregen
verflossen hier im Zimmer
gestern und heute.

Es gibt niemanden,
der in die Höhe aufschaut
im Winterregen.

In ein Spinnennetz
trudelt das Blatt, erst danach
fällt es zu Boden.

Ständig nur hierzu
findet mein Pinsel Worte:
Trübsal im Winter.

Alleine im Bett
weckt mich die frostige Nacht.
Jäh bin ich hellwach.

Frühmorgens zetern
die Krähen. Die Kälte kommt
auch heute aus Ost.

Ausflug in den Schnee.
Über Stürzende lachend,
rutsche auch ich aus.

Ausflug in den Schnee.
Auf dem Heimweg gehen sie
alleine, zu zweit.

Die Efeublätter
haften beim ersten Frost an
Händen und Füßen.

Im kühlen Gestrüpp
zu leben, ist Alltag für
eine Narzisse.

Bis zu den Bergen
liegt im Blickfeld Weiß. Erster
Regen des Winters.

Weiße Teeblüten
verlängern die Dämmerung
morgens und abends.

Nach dem ersten Schnee
überprüft: die Teeblüten
sind wirklich Blüten.

Der Schnee am Morgen.
Auf den Bergen und Feldern
bewegt sich gar nichts.

Draußen vor der Tür
muss notgedrungen bleiben
der Mond im Winter.

Spät nachts im Gespräch
streife ich mit einer Hand
die Kapuze hoch.

Von ihrer Blüte
in der Frühlingsnacht träumen
die zweiten Knospen.

Vom ersten Schneefall
blieben nur Tropfen zurück
an Kiefernnadeln.

Die Pflaumenblüten
im Winter verstecken sich
hinter den Vögeln.

Japanisch *fuyu no ume*:
Früh blühende Pflaumenarten.

Die Pflaumenblüten
im Winter erwärmen sich
an alten Zeiten.

Japanisch *fuyu no ume*:
Früh blühende Pflaumenarten.

Die Wintersonne
schien selten, doch hinterließ
die Pflaumenblüten.

Japanisch *fuyu no ume*:
Früh blühende Pflaumenarten.

Wie schrecklich klingt jetzt,
was die Sommernacht versprach.
Auf der Brücke Frost.

Gemeint ist das Versprechen, das in der Sommernacht gegeben wurde.

Von der Haarpflege
befreit ruhen die Hände
warm über der Glut.

Überschrift des Originals: »Als ich Nonne wurde«. Beim Eintritt
ins Kloster wurde der Novizin der Kopf kahl geschoren.

Hier im Schnee Spuren
eines Wanderstabs. Zu wem
führen sie wohl hin?

Nach der Näharbeit
falte ich Träume hinein
nachts im Dezember.

Den Wind zerlegen
in ungleiche Stücke die
Bäume im Winter.

Dem Wind überlasst
getrost die welken Ähren
des Chinaschilfes.

Die Morgensonne
reicht nicht bis zu den Ärmeln.
Es ist bitterkalt.

Korallenbeeren
leuchten in einem Rotton
wie Hasenaugen.

Am Jahresende
sind einzig Weidenbäume
noch Weidenbäume.

Weiße Narzissen
verströmen ihren Duft weit,
sogar über Schnee.

Selbst der Narzissen
Düfte drängeln auf dem Markt
am Jahresende.

Japanisch *toshi no ichi*:

Auf diesem Markt wird alles eingekauft, was für die Neujahrsfeierlichkeiten notwendig ist.

Ein einziges Mal
noch früh aufstehen und schon
ist das Jahr vorbei.

Sterbegedicht (Jisei)

Auch den Mond sah ich.
Der Welt sage ich heute:
Ergebenst Ihre.

Japanisch *kashiko*:
Von Frauen verwendete Briefabschlussformel.

## Zu den Anmerkungen

Die vorliegenden Haiku verweisen gelegentlich auf Umstände, die nur, oder zumindest besser, im Kontext ihrer Zeit bzw. im Kontext der japanischen Natur und Kultur verständlich werden. In diesen Fällen wird ein kurzer Hinweis gegeben, um das Bild oder eine Formulierung besser einordnen zu können. In den Fällen, wo es sich um die Erklärung eines japanischen Ausdrucks handelt, wird der betreffende Ausdruck in Kursivschrift genannt und anschließend kommentiert. Um ein ständiges Blättern überflüssig zu machen, finden sich die Anmerkungen immer auf derselben Seite wie das entsprechende Haiku.

# Kaga Chiyojo – eine Einführung

*von Thomas Hemstege*

 Für den westlichen Leser ist es nicht einfach, sich in die Welt von Chiyojo, wie Chiyo-ni in Japan genannt wird, hineinzuversetzen. Denn es gibt da nicht nur die kulturellen Unterschiede zwischen Ost und West, sondern auch die zeitliche Entfernung von dreihundert Jahren. Chiyojo (1703–1775) lebte in der mittleren Periode der Edo-Zeit (1603–1868) im feudalen Japan. Eine Zeit ohne Smartphone, Rundfunk und Eisenbahn, ohne fließendes Wasser, Klimaanlage und elektrisches Licht. Neuigkeiten verbreiteten sich durch Boten und Reisende, denen man auch Briefe mit auf den Weg gab. Wasser schöpfte man aus Brunnen und Gewässern, Holz- und Kohlefeuer wärmten im Winter, Fächer kühlten im Sommer. Licht gaben nachts die Gestirne sowie offenes Feuer, Fackeln und Kerzen. Auch gab es keine Fensterscheiben, sondern undurchsichtige mit Papier bespannte Schiebetüren und –fenster.

Der Name *Kaga Chiyojo* bedeutet *Dame Chiyo aus Kaga*, auf *Chiyojo* verkürzt wird er in der Regel in der japanischen Literatur verwendet. Nach ihrem Eintritt ins Kloster 1754 nannte sich Chiyojo stattdessen *Chiyoni – Schwester (Nonne) Chiyo*. Diese Benennung wird zumeist in der westlichen Literatur benutzt. Außerdem veröffentlichte sie auch unter dem Namen *Soen* (schlichter Garten). Manchmal wird sie auch mit dem Familiennamen *Fukuda* aufgeführt, dem Namen ihres Ehemanns ihrer kurzen Ehe.

Bei der Durchsicht der Literatur wird zweierlei deutlich. Es gibt erstens nur wenig tatsächlich belegbare Angaben zu Chiyojos Leben, aber viele Anekdoten und Legenden. Selbst die Zuschreibung einiger häufig zitierter Gedichte ist unsicher. Zweitens wird Chiyojos lyrisches Werk im Laufe der Jahrhunderte fortgesetzt sehr unterschiedlich bewertet. Von großer Hochschätzung zu Lebzeiten bis zu scharfer Kritik im 20. Jahrhundert fand es immer sowohl Bewunderer als auch Verächter.

Chiyojo wurde 1703 in Mattō (heute Hakusan) in der damaligen Provinz Kaga (heute Präfektur Ishikawa) geboren. Ihre Eltern führten einen Handwerksbetrieb, in dem Wandschirme und Papierschiebetüren bespannt, aber auch Kalligraphien und Tuschbilder zu Rollbildern aufgezogen wurden. Diese Werkstatt wurde fortlaufend von Malern, Kalligraphen, Mönchen, Adeligen, Samurai und Literaten besucht. 1720 heiratete Chiyojo, kehrte aber schon zwei Jahre später nach dem Tod ihres Mannes in ihr Elternhaus zurück.

Schon als junges Mädchen begann Chiyojo Haiku zu schreiben, die zunehmend bei den Erwachsenen Beachtung fanden. Daraufhin wurde sie intensiv gefördert in Lesen und Schreiben, in Dichtkunst und Kalligraphie. Als der Bashō-Schüler Kagami Shiko (1665–1731) im Jahr 1719 in Kanazawa zu Besuch war, wurde ihm Chiyojo vorgestellt. Shiko erkannte ihr Talent und ermutigte sie, weiterhin Haiku zu schreiben. Beide blieben bis zu seinem Tod in schriftlichem Kontakt. Mit Anfang Zwanzig entschied sich Chiyojo für ein Leben als Künstlerin.

Ihr ganzes Leben lang pflegte Chiyojo intensiv den persönlichen und schriftlichen Kontakt mit Kunstschaffenden. In jener Zeit wurde die Gesellschaft von Männern dominiert, also auch die Welt des Haiku. Dennoch war Chiyojo keineswegs die einzige Frau, die Haiku verfasste, sondern sie tauschte sich regelmäßig mit anderen Dichterinnen aus. Eine besonders enge lebenslange Freundschaft verband sie mit Sutejo (1721–1790). Pilgerreisen führten Chiyojo nach Kyoto und Ise. Nach und nach fanden ihre Gedichte, aber auch ihre Tuschbilder und Kalligraphien, eine immer größere Verbreitung und Wertschätzung. 1733 übernahm

Chiyojo nach dem Tod der Eltern den Familienbetrieb und für ein Jahrzehnt blieb ihr für künstlerisches Schaffen nur wenig Raum.

1754 wurde Chiyojo buddhistische Nonne der Jodo–Shinshu-Richtung. Auch wenn sie nur zeitweilig im Kloster lebte, schrieb sie viele Haiku, die von der buddhistischen Lehre beeinflusst waren. Der Stand einer Nonne gab ihr eine größere Unabhängigkeit für ihre Arbeit als Dichterin und Kalligraphin. Inzwischen war sie nicht nur regional beliebt und als Haikudichterin hoch geschätzt, sondern auch landesweit. So erhielt sie z.B. 1764 vom Shogunat in Edo (heute Tokyo) den Auftrag, 21 ihrer Gedichte zu illustrieren (Haiga) und in kalligraphischer Schrift als Rollbilder anzufertigen, die als Gastgeschenk für ausländische Besucher dienten.

Ihre Gedichte wurden schon früh als Druck veröffentlicht: 1763 in der Sammlung *Chiyoni kushū* (Gesammelte Haiku der Nonne Chiyo) mit 546 Gedichten, 1771 in dem Band *Matsu no koe* (Stimme der Kiefer) mit 327 Haiku. Das war in jener Zeit, nicht nur für eine Dichterin, sehr außergewöhnlich. Darüber hinaus wurden ihre Haiku noch zu Lebzeiten in über einhundert Anthologien aufgenommen. Insgesamt sind etwa 1700 Gedichte von Chiyojo überliefert. Seit ihrer Entstehung beleben Chiyojos Haiku bis heute immer wieder neu die Gedanken der Haikuwelt, nicht zuletzt auch der deutschsprachigen.

# Literatur (Auswahl)

**Donegan**, Patricia / **Ishibashi** Yoshie (Hrsgg.): Chiyo-ni. Woman Haiku Master. Tokyo, Boston, Singapur: Tuttle, 1998.

**Keiko**, Grace / **Leroux Serres**, Monique: Chiyo-ni. Une femme éprise de poésie. Haïkus traduits et présentés par Grace Keiko et Monique Leroux Serres. Illustrations de Clara Payot. Japanisch/Französisch. Paris: Pippa, 2017.

**May**, Ekkehard: Chūkō – Die neue Blüte. Mainz: Dieterich'sche Verlagsbuchhandlung, 2006.

**Ueda** Makoto: Far Beyond the Field – Haiku by Japanese Women. New York: Columbia University Press, 2003.

**Kadokawa Haiku Daisaijiki**, 5 Bde., Tokyo 2006.

# Deutschsprachige Anthologien

in denen Chiyo-ni vertreten ist
(Auswahl in chronologischer Reihenfolge)

**Florenz**, Karl: Bunte Blätter. Bunte Blätter japanischer Poesie. Tokyo: Hasegawa, o.J. [lt. Antiquar 1896].

**Lüth**, Paul: Frühling, Schwerter, Frauen. Umdichtungen japanischer Lyrik mit einer Einführung in Geist und Geschichte der japanischen Literatur von Paul Lüth. Berlin: Neff, 1942.

**Hausmann**, Manfred: Liebe, Tod und Vollmondnächte. Japanische Gedichte. Übertragen von Manfred Hausmann. Frankfurt/M.: S. Fischer, 1951.

**Coudenhove**, Gerolf: Vollmond und Zikadenklänge. Vorwort und Übersetzung aus dem Japanischen von Gerolf Coudenhove. Gütersloh: Bertelsmann, 1955.

**Coudenhove**, Gerolf: Japanische Jahreszeiten. Tanka und Haiku aus dreizehn Jahrhunderten. Aus dem Japanischen übertragen von Gerolf Coudenhove. Zürich: Manesse, 1963.

**Jahn**, Erwin: Fallende Blüten. Japanische Haiku-Gedichte. Übersetzt von Erwin Jahn. Zürich: Arche, 1968.

**Krusche**, Dietrich: Haiku. Bedingungen einer literarischen Gattung. Übersetzungen und ein Essay von Dietrich Krusche. Tübingen, Basel: Erdmann, 1970.

**Ulenbrook**, Jan: Haiku. Japanische Dreizeiler. Ausgewählt und aus dem Urtext übersetzt von Jan Ulenbrook. Ditzingen: Reclam, 1995.

**Klopfenstein**, Eduard / **Ono-Feller**, Masami: Haiku. Gedichte aus fünf Jahrhunderten. Japanisch/Deutsch. Ausgewählt, übersetzt und kommentiert von Eduard Klopfenstein und Masami Ono-Feller. Unter Mitwirkung von Kaneko Tota und Kuroda Momoko. Stuttgart: Reclam, 2017.

# Bildnachweis

S. 219: Stiftzeichnung Chiyojo
von Jan Hosemann, © Jan Hosemann.

Geleitwort zum Porträt

Anders als im Fall von bspw. Masaoka Shiki und Kawahigashi Hekigotō, von denen in dieser Edition ebenfalls Sammlungen ausgewählter Haiku vorliegen, sind von Chiyo-ni naturgemäß keine Fotos, oder auch nur naturalistische Porträts, überliefert. Die bekannten Abbildungen sind, dem Stil ihrer Zeit entsprechend, mehr oder weniger stark stilisiert. Die zeitgenössischen Beschreibungen Chiyo-nis als einer gutaussehenden Frau sind wiederum sehr allgemein gehalten. Der Künstler Jan Hosemann hat für das vorliegende Porträt nicht nur eine größere Auswahl historischer japanischer Abbildungen von Chiyo-ni herangezogen und studiert, sondern sich auch mit dem damals herrschenden japanischen Schönheitsideal auseinandergesetzt. So ist ein Porträt der Dichterin entstanden, das jenseits klischeehafter Vorstellungen als eine hervorragende Annäherung an ihr tatsächliches Aussehen gelten darf.

M. W. L.

## Der Übersetzer

Thomas Hemstege, geb. 1955 in Wesel, studierte Japanologie und Kunstgeschichte sowie 1977/78 in Kyoto Tuschmalerei (bei Kondo Norihiko). Anschließend arbeitete er als freier Künstler. Zeitweise war er daneben Inhaber einer japanischen Buchhandlung in Hamburg sowie Lehrer für Visuelle Kommunikation.

Thomas Hemstege ist seit seiner Jugend vom Haiku fasziniert; neben eigenen Haiku und Übersetzungen, darunter Ausgaben ausgewählter Haiku von Masaoka Shiki und Kawahigashi Hekigotō, veröffentlichte er Aufsätze zum japanischen Haiku.